MÉMOIRE

SUR LA FORME ET L'ADMINISTRATION

DE L'ÉTAT FÉDÉRATIF DES BÉOTIENS.

Par M. RAOUL-ROCHETTE.

AF262391

Il existe au Musée britannique une inscription grecque, fort curieuse, gravée sur les deux faces d'une grosse table de marbre, et qui a été trouvée, il y a quelques années, au village de Calamo, à trois lieues de Marathon, et à la même distance de l'ancienne *Oropus*. Cette inscription est un décret du conseil général des Béotiens, qui prescrit la refonte de plusieurs objets d'or et d'argent appartenant au temple d'Amphiaraüs. Feu M. Visconti, qui en possédoit une copie émanée de M. Fauvel, et qui en prit une autre sur le marbre original pendant son séjour à Londres en 1814, se proposoit de faire sur ce monument un travail particulier, dont nous ne pouvons que regretter la perte, aussi-bien que celle de tant d'autres due à la mort prématurée de ce savant illustre ; mais, comme il n'a pu que décrire en quelques mots cette inscription (1), dont il se borna à indiquer le sujet et la date, j'ai cru devoir

---

(1) Sous le n.° 32 des inscriptions dont il a inséré le *Catalogue raisonné* à la suite de ses *Mémoires* sur les sculptures du *Parthénon*, Paris, 1818, pag. 136. Il y a long-temps que des copies de cette ins-

61104 Roc 4°(2)

suppléer en partie aux observations que nous avions droi
d'attendre du premier antiquaire de notre âge, et recher
cher, à l'occasion du monument en question, quelle pou
voit être, à l'époque à laquelle il appartient, la forme d
l'état fédératif des Béotiens (1).

La première ligne de cette inscription porte ces pa
roles (2):

cription se trouvoient dans les mains des savans. Trois de ces copies, qui présentent quelques variantes, sont jointes à l'exemplaire des inscriptions de Pococke qui a appartenu à M. de Villoison, et qui est actuellement à la bibliothèque de l'Institut. La copie que je possède moi-même, vient de M. Fauvel, et m'a été communiquée par M. Pouqueville.

(1) Depuis que ce Mémoire a été lu à l'Académie, il a paru à Berlin une dissertation latine sur le même sujet, de M. Klütz, *de Fœdere bœotico*, 1821. Je n'ai pu me procurer encore cette dissertation, et je ne connois de même que par des citations incomplètes les notions qu'ont données, sur l'état fédératif des Béotiens, M. Tittmann, dans son savant ouvrage sur les *constitutions des républiques grecques*, et M. Müller, dans une dissertation *sur la Béotie* (*Encyclopædia Erschii et Gruberi*, tom. II, pag. 271). Il se peut que mon travail, comparé à ceux que je viens de citer, présente bien des imperfections; mais, si l'on considère que l'époque où il a été produit est déjà éloignée de plusieurs années, on m'excusera de n'avoir pu connoître des monumens qui n'ont été publiés qu depuis cette époque.

(2) L'inscription entière vie d'être publiée par M. Osann, da le v.ᵉ *fasciculus* de son *Sylloge inscri tionum antiquarum*, &c. n. LXXI pag. 209, sqq. Dans une note qui p cède l'examen de ce monument, savant philologue semble regret que je n'aie pas tenu l'espèce d'e gagement que j'avois pris, à deux prises, de le publier : je ne puis q savoir gré à M. Osann d'une parei observation; mais je ne puis aussi q m'applaudir du retard qu'a éprou jusqu'ici la publication de mon tr vail, puisque c'est ce retard qui autorisé M. Osann à faire paroî le sien. Je souscris à la plupart observations dont il a accompag ce monument, et j'avoue avec pl sir que, dans mon commentaire n nuscrit, je me suis rencontré sur p sieurs points avec lui, tout en di rant sur la manière de remplir qu ques lacunes. Au reste, l'examen cette inscription n'étant en aucu façon l'objet de ce Mémoire, je borne à faire mention de l'excell travail dont elle a fourni la mati à M. Osann.

ΑΡΧΟΝΤΟΣ ΕΝ ΚΟΙΝΩΙ ΒΟΙΩΤΩΝ ΣΤΡΑΤΩΝΟΣ.

Ἄρχονῖος ἐν κοινῷ Βοιωῖῶν Στρᾳτωνος.

C'est-à-dire,

Sous l'archontat de Straton, dans la république béotienne;

Ou bien,

Straton étant béotarque.

Je donne à-la-fois ces deux versions différentes d'un texte qui, au premier coup-d'œil, ne semble susceptible que d'une seule interprétation : mais il s'en faut bien que ces paroles, si simples en apparence, ἐν κοινῷ Βοιωῖῶν, n'offrent aucune difficulté; et l'examen de ces seules paroles conduit nécessairement à une discussion sur la forme de cet état fédératif, sur sa durée, de la fixation de laquelle dépend la connoissance, au moins approximative, de l'âge de notre monument; enfin sur le rang et l'autorité qu'obtenoient dans cette république les magistrats, tels que celui qui est nommé en tête de cette inscription. Telles sont les questions que je me propose d'examiner brièvement dans ce Mémoire, et que j'avois cru d'abord trouver résolues dans le savant ouvrage de M. de Sainte-Croix *sur les gouvernemens fédératifs de la Grèce :* mais, en y recourant, j'ai bientôt reconnu que l'article de cet ouvrage consacré à la Béotie est très-incomplet, et, qui pis est, souvent inexact. *Ouvrage cité, p. 211 - 215.* C'est ce qui m'a décidé à traiter de nouveau, d'une manière plus approfondie, un point important en lui-même, et d'ailleurs essentiel à l'intelligence de notre inscription.

Un grand nombre de monumens attestent l'existence

ᵃ *Chandler, Inscript. ant. XXII, p. 9; Gruter, p. 410, 3; 415, 1; 1009, 5; 1094, 5. Add. Boisson. Dissert. ad calc. Epist. L. Holsten. p. 440.*

Van-Dale, Dissertat. III, pag. 288-298.

de ces états fédératifs, appelés τὰ κοινά, chez les Grecs. Les ouvrages des anciens en font d'assez fréquentes mentions. Les médailles et les marbres en font connoître d'une manière plus précise et plus authentique encoreᵃ l'emplacement, l'âge et la durée ; et les critiques modernes, notamment Van-Dale, qui a traité ce sujet dans l'une de ses *Dissertations*, ont recueilli avec assez de soin les passages et les monumens qui y ont rapport, mais sans avoir encore, à ce qu'il me semble, épuisé la question, ou même approfondi les points les plus importans. L'origine de ces associations politiques étoit sans doute fort ancienne dans la Grèce ; et ce qu'Hérodote et Strabon nous rapportent de

Herodot. lib. I, c. CXLVI.

Strabon. Geograph. lib. VIII, p. 385, D, et sqq.

la distribution en petites communautés des Ioniens de l'Égialée, et ensuite des Achéens qui leur succédèrent dans la même contrée, nous offre très-probablement le premier modèle de cette forme de république : car il est douteux que l'*amphictyonie de Delphes*, dont on pourroit faire remonter plus haut l'origine, ait été, dans le principe, autre chose qu'une association purement religieuse, entre des peuples qui n'avoient ni la même origine, ni la même forme de gouvernement, et qui ne furent long-temps unis par aucun lien politique. Pour ne parler ici que de la confédé-

Clavier, Histoire des premiers temps de la Grèce; tom. II, p. 15 et suiv.

ration béotienne, principal objet de nos recherches, il est probable que, comme la plupart des institutions publiques des Grecs, elle se forma primitivement dans ces réunions religieuses appelées *Panbéotiennes*, parce que le concours de la nation entière en consacroit la solennité. Le siége de ces réunions brillantes fut long-temps fixé à Oncheste,

Strabon. Geograph. lib. IX, pag. 412, C.

ville du territoire d'Haliarte, puis transporté aux environs de Coronée, première habitation des Béotiens, à leur retour de la Thessalie. On entrevoit déjà dans ce fait, attesté par Strabon, l'origine et le motif de cette assemblée nationale. En prenant possession de la terre de leurs aïeux, les Béotiens y établirent sans doute cette solennité, qui devoit, par la réunion des vœux et des forces de la nation entière, prévenir le retour des désastres qui avoient accablé ses membres épars et divisés. Après des sacrifices aux dieux et d'autres cérémonies religieuses, des chœurs de musique et de danse embellissoient ces fêtes patriotiques, dont la paix et la sécurité des peuples étoient le résultat le plus utile ; et l'étranger qui violoit cette paix, devenoit, comme nous l'apprend Polybe, l'objet de la haine de la nation et l'ennemi public de la Grèce. Du reste, on ne retrouve aucun détail sur la célébration de ces fêtes, ni sur la composition de l'assemblée amphictyonique, qui se tenoit au voisinage, et qui, selon Eustathe, avoit pour principal objet de veiller à la stricte observation des rites sacrés et des coutumes religieuses. M. de Sainte-Croix assure qu'il en subsistoit encore des traces dans le premier siècle de notre ère, et il s'autorise du témoignage de Strabon. Mais cet exact écrivain ne fait que rappeler à cette époque des usages anciens et des souvenirs déjà effacés. Triste théâtre des guerres suscitées par l'ambition des rois de Macédoine, et ensuite des Romains, la Béotie offroit alors plus de ruines que de monumens de son ancienne grandeur. Ses villes les plus florissantes, Thèbes, Orchomène, Haliarte, Platées, étoient détruites ou peuplées d'étrangers, et les fêtes de la Béotie avoient depuis long-temps disparu avec sa liberté. Aussi Strabon, dans les passages où il parle de ces institutions, s'exprime-

Id. ibid. pag. 411, C.

Conf. Plutarch. Amat. Narrat. ed. Reisk. t. IX, pag. 100, 101 ; Pausan. lib. IX, cap. XXXIV ; Stat. Thebaïd. lib. II, vers. 721, 722. Vid. omnia apud Meurs. Græc. Fer. h. v.

Polyb. Hist. lib. IV, cap. III, §. 5, et. lib. IX, c. XXXIV, §. 2, ed Schweigh.

Eustath. ad Homer. Iliad. l. II, pag. 270.

Gouvernemens fédératifs, pag. 118.

Strabon. l. IX, pag. 412, C.

t-il toujours au passé ; et je suis surpris que M. de Sainte-Croix ait pu se tromper sur l'intention de cet écrivain.

Quoi qu'il en soit, j'incline fortement à croire, ainsi que je l'ai indiqué, que l'association politique des Béotiens, ou leur état fédératif, naquit dans ces fêtes religieuses composées de l'élite d'une nation jalouse de son indépendance et amoureuse de sa liberté. M. de Sainte-Croix, qui veut que les Béotiens n'aient eu des états généraux qu'après le rétablissement de Thèbes par Démétrius, opinion que j'ose dire insoutenable, ne croit pas que les fêtes *panbéotiennes* aient jamais eu un but politique. Il allègue, pour établir cette opinion, deux faits qui, si je ne me trompe, forment une preuve, ou, du moins, une présomption contraire. Quelque temps avant la bataille de Marathon, les Thébains, irrités contre les Athéniens, consultèrent l'oracle de Delphes sur la vengeance qu'ils devoient tirer de ce peuple. L'oracle, leur refusant le droit de l'exercer par eux-mêmes, leur ordonna d'*avoir recours aux plus proches,* ἐχέλευε τῶν ἄγχιϛα δέεσθαι. Cette réponse rapportée à l'assemblée du peuple, le jeta dans la perplexité. « Quoi donc ! s'écrièrent de toutes parts les Thé-
» bains, est-ce que les Tanagréens, les Coronéens, les
» Thespiéens, ne sont pas nos plus proches voisins ? et ces
» peuples ne combattent-ils pas toujours avec nous ? ne
» supportent-ils pas toujours avec nous le poids des tra-
» vaux et des dangers communs ? Est-il donc nécessaire
» de les prier ? Ce ne peut être là le sens de l'oracle. » Ce discours, que nous a conservé Hérodote, montre évidemment, selon moi, qu'il existoit dès-lors entre les Thébains et les autres cités béotiennes des obligations d'une défense

Sainte-Croix, ouvrage cité, p. 211.

Hérodot. l. V, c. LXXIX.

mutuelle, en un mot, une ligue offensive et défensive contre leurs ennemis communs, et non pas seulement, comme dit M. de Sainte-Croix, des rapports de *consanguinité* et de *voisinage;* car les expressions d'Hérodote ne sont point équivoques : χαὶ οὗτοί γε ἅμα ἡμῖν αἰεὶ μαχόμενοι προθύμως συνδιαφέρουσι τὸν πόλεμον· et le mot αἰεὶ montre de plus que cet ordre de choses n'étoit pas nouveau.

Le second passage allégué par M. de Sainte-Croix n'est pas plus favorable à son sentiment. Pausanias rapporte qu'après la paix d'Antalcidas, l'ambassadeur thébain qui se trouvoit à Sparte, c'étoit Épaminondas, fut interrogé par Agésilas, pour savoir si ses concitoyens feroient ratifier le traité de paix dans chaque cité béotienne : εἰ χαὶà πόλιν ὀμνύναι Βοιωτοὺς ἐάσουσιν ὑπὲρ τῆς εἰρήνης. Épaminondas répondit : « Oui, quand vous l'aurez fait vous-mêmes dans toutes les villes de votre territoire. » Οὐ πρότερόν γε, εἶπεν, πρὶν ἢ χ τοὺς περιοίκους ὀμνύοντας χαὶà πόλιν ἴδωμεν τοὺς ὑμετέρους. Il faut être, ce me semble, bien préoccupé de son idée, pour ne pas voir combien ce témoignage contrarie le système adopté par M. de Sainte-Croix. La question d'Agésilas prouve que, dans l'ancien ordre de choses, qui faisoit les diverses cités béotiennes membres d'un même corps politique, un traité de paix qui intéressoit la Grèce entière, devoit être séparément approuvé par chacune de ces cités, χαὶà πόλιν; et cette question est en même temps un reproche indirect contre les Thébains, dont la prépondérance actuelle, fruit des succès de ce même Épaminondas, éclipsoit ces villes béotiennes et les faisoit descendre du rang de confédérées à celui de sujettes. La réponse d'Épaminondas est un aveu

Pausan. l. IX, c. XIII.

tacite de cet état de choses, en même temps que, pa
l'exemple des Spartiates eux-mêmes, dont l'ambition avoi
de bonne heure accablé pareillement autour d'eux de pe
tites républiques fédératives, elle a pour but d'excuse
l'injustice de ses compatriotes.

Les inductions qu'on peut tirer de ces deux faits, son
donc entièrement différentes de celles qu'allègue M. d
Sainte-Croix. Les raisonnemens où il entre ensuite pou
établir son opinion, ne la fortifient pas davantage. Il trouv
que l'histoire de toutes les guerres où Thèbes prit quelqu
part, indique l'absence de tout lien politique entre les d
verses villes béotiennes. Il est vrai que Thèbes abusa sou
vent de sa force et de sa prépondérance pour réduire sou
sa dépendance absolue des villes qui avoient le même dro
qu'elle à l'égalité politique ; ses violences à l'égard c
Platées, de Thespies, d'Orchomène, et d'autres encore
sont attestées par l'histoire. Mais ces violences mêmes, c
excès où s'emporte l'ambition d'une seule ville qui ve
commander aux autres, prouvent-ils quelque chose cont
l'égalité primitive et l'union antérieure de toutes ces cité
et l'abus de la force peut-il constituer jamais l'absence d'
droit? Je ne le pense pas. Les succès de Thèbes prouve
seulement, à mon avis, que les liens de la confédératic
béotienne furent quelquefois rompus pour l'avantage pa
ticulier de cette ville, et non pas, que le pacte d'unic
entre tous les peuples de la Béotie, sur le pied d'une égali
parfaite et à la condition d'une assistance réciproque, n'a
jamais existé à des époques antérieures.

Jusqu'ici l'opinion de M. de Sainte-Croix ne repo
que sur des argumens négatifs, et je crois avoir mont

Diodor Sic. Biblioth. lib. XV, c. LVII, LVIII; Demosth. Orat. adv. Leptin. §. 90.

Diodor. Sicul. ibid. c. LI ; Xenoph. Hellenic. VI, pag. 579.

que ces argumens mêmes ne sont pas fondés. Mais voici
des preuves directes qui acheveront de mettre la vérité
dans tout son jour, en même temps qu'elles confirmeront
la conjecture que j'ai énoncée précédemment, sur l'origine
religieuse de la fédération béotienne. Thucydide, rappor-
tant une surprise nocturne que les Thébains tentèrent
contre Platées, au commencement de la guerre du Péloponnèse, dans la première année de la LXXXVII.ᵉ olympiade, dit que le héraut thébain proclama ces paroles :
« Si quelqu'un, *conformément à l'antique loi de tous les Béo-*
» *tiens,* veut combattre avec nous, qu'il vienne déposer
» ses armes dans nos rangs. » Ἀνεῖπεν ὁ κήρυξ, εἴτις βού-
λεται, κατὰ τὰ πάτρια τῶν πάντων Βοιωτῶν, ξυμμαχεῖν,
τίθεσθαι παρ᾽ αὐτοὺς τὰ ὅπλα. Il existoit donc une loi, un
usage, qui enjoignoit à *tous les Béotiens* de combattre sous
les drapeaux communs ; et cette loi étoit *ancienne* et *révérée,*
puisque l'abus même qu'en faisoient en ce moment les Thébains pour tromper la bonne foi d'un peuple confédéré et
pour servir leur ambition particulière, constate l'existence
du droit qu'ils invoquoient. D'autres passages du même
historien, relatifs au temps de la guerre du Péloponnèse,
ne prouvent pas moins clairement l'existence de cette institution. Je les ferai successivement connoître, à mesure
que j'exposerai mes idées sur la forme de cette république
fédérative. Mais, en attendant, je ne puis m'empêcher
d'exprimer ma surprise sur ce que des témoignages si
précis et si nombreux d'un historien si digne de foi n'ont
pas empêché M. de Sainte-Croix de hasarder la conjecture
que voici : « Il paroît que ce ne fut qu'après le rétablisse-
» ment de Thèbes par Démétrius, que les peuples de

Thucydid. l. II,
cap. II.

Sainte-Croix,
ouvrage cité, p.
212.

» Béotie eurent des états généraux »; conjecture détruite par la seule observation, que les témoignages les plus positifs concernant l'existence et la forme de ces états généraux sont tous dans Thucydide, et par conséquent tous antérieurs de beaucoup d'années au siècle de Démétrius. Je crains même qu'il n'y ait encore dans ces paroles une erreur plus grave. Démétrius, dont le titre de *Poliorcète* indique qu'il détruisit plus de villes qu'il n'en releva, s'empara *deux*

Plutarch. Vit.
Demetr. §. 39 et
40.

fois de Thèbes dans le cours d'une même expédition, ainsi que le rapporte Plutarque, et la mit par ce double désastre sur le penchant de sa ruine; mais je ne trouve nulle part qu'il l'ait *rétablie,* comme on le dit ici. La restauration de Thèbes fut l'ouvrage de Cassandre, et appartient au commencement de la cxvi.^e olympiade, d'après le té-

Diodor. Sic.
Biblioth. l. XIX,
c. LIII, LIV.

moignage de Diodore, qui entre à ce sujet dans des détails très-intéressans. Ce rétablissement est aussi indiqué par Pausanias, et il devint même pour la confédération béotienne l'époque d'un changement que je remarquerai d'après le même auteur, lorsque j'aurai exposé les détails qu'il nous a transmis sur une institution tout-à-la-fois religieuse et politique des Béotiens, laquelle a été négligée par M. de Sainte-Croix.

Les habitans de Platées célébroient, à des intervalles

Paus. lib. IX,
c. III.

irréguliers, une fête nommée *Dædala,* dont l'origine se perdoit, suivant Pausanias, dans l'obscurité des traditions mythologiques. Indépendamment de cette fête particulière

Pausan. loc.
suprà laudato.

aux seuls Platéens, et conséquemment distinguée par l'épithète de *petites* (1), tous les Béotiens célébroient avec eux

(1) Pausanias, lib. IX, cap. III: Ταύτην μὲν ἰδίᾳ Πλαταιεῖς ἑορ]ὴν ἄγϵσι Δαίδαλα μικρὰ ὀνομάζον]ες.

en commun la fête des *grandes Dédales*, dont le retour n'arrivoit qu'après une période de soixante ans, parce que cette solennité avoit été interrompue pendant un pareil nombre d'années que les Platéens avoient passées loin de leur patrie (1). Pausanias nomme les huit cités principales qui prenoient part à cette solennité religieuse : c'étoient Platées, Coronée, Thespies, Tanagre, Chéronée, Orchomène, Lébadée et Thèbes ; car, ajoute le même auteur, ceux de Thèbes, après le rétablissement de leur ville par Cassandre fils d'Antipater (2), jugèrent convenable de se réconcilier avec les Platéens, de rentrer dans la confédération béotienne, et de concourir comme les autres, par la pompe de leurs sacrifices, à l'éclat de la célébration des *Dédales* (3). Quant aux villes d'un ordre secondaire, elles contribuoient par des offrandes collectives à l'ornement de cette fête véritablement nationale. Il est impossible de marquer d'une manière plus précise l'existence d'une ligue ou confédération tout-à-la-fois politique et religieuse, dont l'objet étoit de resserrer par des cérémonies communes les antiques liens de l'union nationale ; et l'intervalle même qui devoit s'écouler entre la célébration de ces fêtes, rendoit cet objet plus sensible et plus touchant, en rappelant la longue proscription dont un des membres de cette ligue avoit eu à gémir.

(1) Δαιδάλων δὲ ἑορτὴν τῶν μεγάλων καὶ οἱ Βοιωτοὶ σφίσι συνεορ]άζουσι, δι' ἑξήκοϛῦ δὲ ἄγουσιν ἔπυς· ἐκλιπεῖν γὰρ τοσοῦτον χρόνον τὴν ἑορτήν φασιν, ἡνίκα οἱ Πλαταιεῖς ἔφευγον. (*Ibid.*)

(2) Cet événement appartient à la première année de la CXVI.ᵉ olympiade, suivant Diodore de Sicile (*lib. XIX, cap. LIII*), c'est-à-dire, à l'an 315 avant notre ère.

(3) Pausanias, lib. IX, cap. III : Διαλλαγῆναι γὰρ καὶ οὗτοι [Θηβαῖοι] Πλαταιεῦσιν ἠξίωσαν, καὶ συλλόγου μετασχεῖν κοινοῦ, καὶ ἐς Δαίδαλα θυσίαν ἀποϛελλεῖν, ὅτε Κάσσανδρος ὁ Ἀντιπάτρου τὰς Θήβας ἀνώκισε.

Les huit cités que j'ai nommées plus haut d'après Pausanias, et qui étoient effectivement les plus anciennes et les plus puissantes de la Béotie, formoient donc par leur réunion la confédération béotienne, aux besoins de laquelle contribuoient sans doute aussi les cités inférieures, chacune à raison de ses forces et de ses ressources. Mais Pausanias, soit par un défaut de sa mémoire, soit par la négligence de ses copistes, a, je crois, omis le nom d'une neuvième cité, qui, d'après son antiquité et son importance, a dû nécessairement obtenir un des premiers rangs dans la ligue béotienne; je veux dire Haliarte, qui est expressément citée par Polybe et par Tite-Live, comme ayant fait partie de cette ligue, du moins à une époque voisine de sa dissolution. Mais, comme Oncheste, lieu du territoire d'Haliarte, avoit été d'abord et resta long-temps le siége de l'amphictyonie béotienne, au témoignage de Strabon, il n'est pas possible de douter qu'Haliarte elle-même n'eût été originairement comprise au nombre des principaux membres de cette amphictyonie. Voilà donc, si je ne me trompe, établies de la manière la plus incontestable, l'existence d'une confédération béotienne, son origine ancienne et sa composition générale. Il ne reste plus à rechercher que les formes par lesquelles cette institution étoit régie, et les magistratures auxquelles étoit confié le soin d'en exécuter les décrets et d'en diriger les forces.

Pausanias, décrivant la route qui conduisoit d'Alalcomènes à Coronée, marque, à peu de distance de cette dernière ville, le temple de *Minerve Itonienne,* surnommée ainsi, d'après la tradition mythologique, du nom d'*Itonus,*

Polyb. Excerpt. legat. §. 63, tom. III, pag. 1226, edit. Casaub.

Tit. Liv. Histor. rom. l. XLII, c. XLIV.

Strabon. Geograph. lib. IX, v. 412, C.

fils d'Amphictyon : *c'est là*, ajoute-t-il, *que les Béotiens se réunissent pour leur assemblée générale.* Καὶ ἐς τὸν κοινὸν συνίασιν ἐνταῦθα οἱ Βοιωτοὶ σύλλογον. C'étoit dans le même emplacement, ainsi que je l'ai déjà remarqué, que se célébroient les *Panbéotiennes*, rapprochement qui confirme l'analogie que j'ai supposée plus haut entre ces assemblées religieuses et ces réunions politiques. Quoi qu'il en soit, nous ignorons quel étoit l'objet précis de la réunion des confédérés auprès du temple de Minerve Itonienne. Étoit-ce de procéder à la nomination des *béotarques*, ou magistrats de la ligue? M. de Sainte-Croix l'assure en termes exprès ; mais aucun témoignage, à ma connoissance, n'autorise une assertion pareille, et je trouve même plusieurs raisons qui la contrarient. D'abord, l'élection des *béotarques* se faisoit tous les ans vers le solstice d'hiver, selon Plutarque (1), qui devoit bien connoître les institutions de sa patrie : or il n'est nullement probable que l'assemblée générale du temple de Minerve se renouvelât tous les ans, comme l'élection des magistrats ; du moins l'usage universel et constant des Grecs étoit-il de laisser un intervalle de plusieurs années entre ces grandes réunions qui obligeoient une nation entière à des déplacemens considérables. De plus, l'élection des *béotarques* dont parle Plutarque dans l'endroit que j'ai indiqué, se fit à Thèbes, d'où il résulte nécessairement que, pour être légale, elle n'avoit pas besoin d'être proclamée dans le temple de Minerve Itonienne ; mais ce passage même de Plutarque

Pausan. lib. IX, cap. XXXIV.

Sainte-Croix, ouvrage cité, p. 212.

---

(1) Plutarch. *Vit. Pelopid.* §. 24 : Χειμῶνος μὲν ἦσαν αἱ περὶ τροπὰς ἀκμαί· μηνὸς δὲ τῷ τελευταίου φθίνοντος ὀλίγαι | πελῆσαι ἡμέραι, καὶ τὴν ἀρχὴν ἔδει παραλαμβάνειν ἑτέρους εὐθὺς ἱσαμένου τῷ πρώτου μηνός.

me conduit à une conjecture que je crois plus près de la
vérité. Je suppose que chacune des villes principales qu
composoient cet état fédératif, avoit le droit de nomme
au moins un béotarque. Ce qui sembleroit le prouver
c'est, d'abord, le nombre de ces magistrats, que nou
verrons bientôt avoir été en rapport avec le nombre e
l'importance politique de ces villes ; et, en second lieu, l
certitude acquise, que le siége des délibérations de la ligu
béotienne n'étoit pas exclusivement fixé aux environs d
Coronée : fait dont nous pouvons conclure, par une in
duction générale, que le siége de ces réunions varioi
selon les intérêts, les besoins et les localités. Mais voi
un passage de Thucydide, qui va jeter un grand jou
sur cette question et sur toutes celles qui s'y rattachen
L'importance de ce passage exige que je le transcrive i
en entier :

« A cette époque (la 1.re année de la LXXXIXe olyn
» piade), se rassembloient à Tanagre tous les Béotiens
» dès qu'ils s'y trouvèrent réunis de toutes les villes d
» la confédération béotienne, et qu'ils apprirent que l
» Athéniens se retiroient chez eux, des onze béotarque
» dix se déclarèrent contre le combat ; . . . . . mais Pago
» das, fils d'Æoladas, lequel étoit béotarque de Thèbe
» avec Arianthidas, fils de Lysimachide, et qui éto
» alors chargé du commandement suprême, proposa
» fit prévaloir un avis contraire (1). »

Les conséquences qui résultent de ce passage, sans qu
soit besoin d'un long commentaire pour en éclaircir le sen

______

(1) Thucyd. lib. IV, cap. XCI : Οἱ δὲ Βοιωτοὶ ἐν ταῖς ἡμέραις ταύτ
ξυνελέγοντο ἐς τὴν Τάναγραν, κ. τ. λ.

sont les suivantes : 1.° Les délibérations de la ligue béotienne n'avoient pas de siége déterminé, ou du moins exclusif, puisqu'à l'époque dont il s'agit ici, elles se tinrent à Tanagre, et non auprès du temple de Minerve Itonienne. 2.° Toutes les villes envoyoient des députés à ce conseil national ; c'est évidemment le sens de ces paroles : καὶ ἐπειδὴ ἀπὸ πασῶν πόλεων παρῆσαν. 3.° Les béotarques, magistrats suprêmes de la ligue, qui en présidoient les délibérations et en dirigeoient les mouvemens, étoient au nombre de onze : τῶν ἄλλων βοιωταρχῶν, οἱ εἰσιν ἕνδεκα. 4.° Thèbes, par un privilége particulier, et sans doute à cause de son importance politique et de sa supériorité sur toutes les autres villes de la confédération, en nommoit *deux* à elle seule. C'est l'interprétation que je donne à ces expressions de l'historien grec : Παγώνδας ὁ Αἰολάδου βοιωταρχῶν ἐκ Θηβῶν, ΜΕΤ' Ἀριανθίδου τοῦ Λυσιμαχίδου, καὶ ἡγεμονίας οὔσης αὐτοῦ. Il est évident, en effet, que, dans cette phrase, la préposition μετὰ ne peut s'appliquer qu'à la communauté de l'office de béotarque de Thèbes, partagé entre Pagondas et Arianthide, et non à un rapport d'opinions entre ces deux magistrats, puisque précédemment Thucydide a déclaré que Pagondas avoit ouvert seul un avis différent de celui de ses dix collègues. 5.° Enfin le commandement suprême de la ligue et de ses forces devoit alterner entre tous les béotarques, puisque celui dont l'influence, alors décisive, entraîna les troupes au combat, se trouvoit à son tour investi de ce commandement. D'ailleurs, ces successions alternatives du pouvoir étoient conformes au génie des institutions républicaines des Grecs, et sont attestées par une foule d'autres exemples. Je n'ai pas besoin d'insister sur une dernière conséquence qui résulte de ce passage, contre l'opinion de M. de Sainte-Croix ; c'est que l'existence des états généraux en Béotie fut de beaucoup antérieure à l'époque du rétablissement de Thèbes, puisque les faits attestés ici par Thucydide appartiennent au commencement de la LXXXIX.ᵉ olympiade, ou à l'an 423 avant notre ère.

D'après les faits que je viens d'exposer, et qu'il n'est pas permis de révoquer en doute, il me semble qu'en suppléant au silence de l'historien sur les autres points qu'il a négligé de nous apprendre, je puis supposer, à mon tour, que chacune des neuf villes dont les députés formoient le conseil suprême de la nation, avoit le droit d'élire un béotarque, Thèbes seule exceptée, qui en pouvoit choisir *deux*. Peut-être même ce nombre étoit-il quelquefois porté jusqu'à *trois ;* car, dans une circonstance importante, Plutarque nous apprend que les Thébains nommèrent en même temps *trois béotarques*, parmi lesquels se trouvoit Pélopidas : ἐκ δὲ τούτου βοιωτάρχης αἱρεθεὶς μετὰ Μέλλωνος καὶ Χάρωνος ὁ Πελοπίδας. Dans le passage que j'ai cité plus haut de Thucydide, cet historien ne s'exprime pas d'une manière assez précise pour que son témoignage doive infirmer celui de Plutarque. Quoi qu'il en soit, si l'on adopte le sentiment de ce dernier, qui ne laisse pas, à titre de compatriote, d'avoir ici beaucoup de poids, nous aurons la preuve, ou du moins la présomption la plus forte, que chacune des neuf villes de la confédération béotienne nommoit un béotarque ; ce qui, avec les trois nommés par Thèbes, compose le

nombre

Plutarch. Vit.
Pelopid. §. 13.

nombre juste de onze béotarques donné par Thucydide. Si, au contraire, on aime mieux s'en rapporter exclusivement au témoignage de celui-ci, qui ne nomme que deux béotarques thébains, il faudra nécessairement supposer que tous ces historiens ont omis le nom d'une dixième cité béotienne, faisant partie de la ligue et y fournissant un béotarque; ce qui n'est pas impossible, mais ce qui, je l'avoue, ne me paroît pas vraisemblable.

Je dois ici répondre à une objection que propose M. de Sainte-Croix (1). Ce savant pense que le nombre des béotarques peut avoir varié, et n'avoir pas toujours été fixé à *onze;* et il allègue, à ce sujet, un passage de Diodore, qui, au temps d'Épaminondas, ne compte que *cinq* de ces magistrats. J'avoue que, si la raison que j'ai donnée plus haut du nombre des onze béotarques est fondée, comme tout porte à le croire, un témoignage de Diodore ne me paroîtroit pas suffisant pour le détruire : car, pour que le nombre de ces magistrats eût été réduit à *cinq*, il faudroit que les forces de la confédération béotienne eussent été affoiblies de beaucoup; ce qui, certes, est moins vraisemblable que jamais, à l'époque d'Épaminondas : mais il y a évidemment erreur dans la citation que fait M. de Sainte-Croix, et dans l'induction qu'il en tire. D'abord, Diodore dit *sept* béotarques, et non pas *cinq*, et il y a d'autant moins d'incertitude à cet égard, que Pausanias

Diodor. Sic. lib. XV, §. 5; (et non 91).

Pausan. l. IX, c. XIII.

---

(1) Sainte-Croix, ouvrage cité, *pag. 213, note 4.* Le témoignage du scholiaste de Thucydide, qui compte également onze béotarques *(ad lib. II, c. II)*, n'ajoute sans doute pas une grande autorité à celui de l'historien. Néanmoins il pourroit avoir consulté d'autres auteurs ; et, dans tous les cas, son assentiment prouve qu'il n'avoit trouvé chez ces auteurs rien de contraire à l'assertion du sien.

désigne nominativement chacun de ces *sept* béotarques qui assistèrent à la bataille de Leuctres. Ensuite peut-on rigoureusement conclure de ce que *sept* béotarques seulement prirent part à la délibération qui précéda la bataille de Leuctres, et aux opérations de cette journée fameuse, qu'il n'y avoit alors que *sept* béotarques dans toute la république? D'autres lieux, d'autres besoins, d'autres dangers, ne pouvoient-ils donc exiger la présence, l'autorité et les lumières des quatre *autres* béotarques? et leur absence du champ de bataille de Leuctres, qu'il est si facile d'expliquer ou de concevoir, est-elle donc une preuve contre l'existence de ces magistrats? Enfin M. de Sainte-Croix cite un passage de Tite-Live qui porteroit à *douze*, et non pas seulement à *onze*, le nombre des béotarques (1). Mais, outre que le passage de Tite-Live ne désigne pas précisément les béotarques, et qu'au contraire il peut s'interpréter beaucoup mieux d'un collége de douze magistrats thébains, l'assertion de cet écrivain, infirmée par le silence de Polybe, et relative à une époque de trouble et d'anarchie où la république béotienne étoit voisine de sa chute, peut-elle être mise en balance avec le témoignage d'un historien tel que Thucydide?

L'existence et le nombre des béotarques étant ainsi déterminés à une époque antérieure de plusieurs siècles à celle de la domination romaine, on demandera sans doute si l'élection de ces magistrats se faisoit séparément dans chacune des cités qu'ils représentoient, et par le suffrage des députés des cantons compris dans le domaine

Polyb. Exc. le-
gat. pag. 1227.

---

(1) Tit. Liv. *Hist. rom.* lib. XLII, cap. XLIII : *Decretum faciunt, ut* | duodecim *qui privati .cœtum et concilium habuissent, exsilio multarentur.*

particulier de chaque ville. J'avoue que cette supposition me paroît la seule probable. M. de Sainte-Croix est cependant d'une opinion différente. « Nous ignorons, dit-il, » si on les tira d'abord de toutes les villes de Béotie, » ou seulement de Thèbes, comme je serois porté à le » croire. » Mais, à mon avis, c'est bien mal connoître le génie des républiques anciennes, et plus mal interpréter le texte des historiens grecs, que de supposer ainsi, sans la moindre preuve, que des villes égales en pouvoir, unies par des intérêts communs et par des obligations réciproques, aient consenti, en faveur d'une seule d'entre elles, et de celle sur-tout dont elles avoient le plus de raisons d'envier la prépondérance et de redouter l'ambition, à abandonner le droit important de nommer les magistrats suprêmes de la ligue, ceux qui en commandoient les armées, qui en exécutoient les lois, en un mot, qui en formoient le conseil suprême (1). D'ailleurs, la manière dont s'exprime Thucydide concernant les *béotarques thébains*, Βοιωΐαρχῶν ἐκ Θηϐῶν, ne laisse aucun lieu de douter que les autres villes de la ligue participassent à cette élection; car, si tous les béotarques eussent été choisis à Thèbes, à quoi bon cette distinction particulière par laquelle cet historien, généralement si précis, en désigne *deux* spécialement comme *béotarques thébains!*

Les inscriptions viennent confirmer sur ce point l'induction que nous tirons de son témoignage. Un marbre recueilli par Spon fait mention d'un Charopinus, *béotarque de Lébadée* (2), et non pas de Tanagre, comme dit M. de

Sainte-Croix, ouvrage cité, p. 213.

(1) La *béotarchie* étoit la magistrature suprême. (Plutarch. *Reip. ge-* rend. *Præcept.* §. 17, t. VI, p. 173.)

(2) *Miscellan.* pag. 372 : XAPO-

Sainte-Croix, ouvrage cité, p. 213, note 5.

Meletius, Geógraph. tom. II, pag. 338.

Sainte-Croix, qui cite aussi cette inscription. Nous avons un béotarque de *Tanagre*, désigné dans l'inscription que j'ai publiée moi-même (1). Les noms de plusieurs béotarques de *Chéronée* se trouvent en tête de ces inscriptions inédites, dont j'ai aussi publié des fragmens (2). Enfin on connoît un béotarque d'*Orchomène* par ces inscriptions rapportées dans Mélétius et dans le recueil de M. Th. Walpole (3), qui sollicitent encore le secours d'une main habile pour être restituées à leur intégrité primitive. Toutes les villes que je viens de nommer, Thèbes, Lébadée, Tanagre, Chéronée, Orchomène, étoient du nombre de celles qui formoient la république béotienne : ainsi les inscriptions découvertes jusqu'à ce jour s'accordent avec les témoignages de l'histoire. A la vérité, on pourroit dire que les magistrats nommés dans ces inscriptions avec le seul titre d'archonte, sans l'addition ἐν κοινῷ Βοιωτῶν

ΠΙΝΩ ΑΡΧΟΝΤΟΣ ΒΟΙΩΤΟΙΣ ΛΕΒΑΔΕΙΕΙΟΙΣ. Ce dernier mot est certainement altéré, et l'inscription entière est à peu près inintelligible; mais le nom des *Lébadéens* est au moins très-reconnoissable, et cela suffit pour l'objet qui nous occupe.

(1) Voyez mes *Dissertations sur différens sujets d'archéologie*, pag. 62 et suiv. *in-4.º* Paris, 1821, Imprimerie royale.

(2) Ces inscriptions, rapportées de la Grèce par M. Pouqueville, seront l'objet d'un travail particulier dont je m'occupe. On peut en voir un long fragment, mais entièrement inintelligible, par la manière dont il est écrit, dans le *Voyage* de Clarke (tom. IV, p. 146). Ce voyageur n[e] donne la traduction que du cinquièm[e] de ces fragmens, *par la raison*, di[t] il, *qu'il forme un sens complet et i[n]telligible*. Les autres ne forment p[as] un sens moins complet; mais j'avou[e] qu'il est difficile de le trouver, p[ar] la manière dont cette inscription e[st] représentée dans la copie du voy[a]geur anglais.

(3) Th. Walpole, *Mémoirs rel[a]ting to European and Asiatic Turke[y]*, pag. 149. Ces inscriptions ont été p[u]bliées depuis, et accompagnées [de] doctes commentaires, par M. Boeck[h] *Staatshaushaltung der Athener*, t. I[I] p. 374 et sqq.; et par M. Osann, *S[yl]loge inscript.* fasc. IV, p. 179 et sqq

appartiennent à l'époque où les Romains, ayant détruit sur toute la face de la Grèce ces républiques fédératives, avoient laissé à chaque cité le droit de se gouverner par des magistrats particuliers, et c'étoit même le sentiment de M. de Sainte-Croix (1) : mais c'étoit, je l'ose dire, une nouvelle erreur de sa part. La plus légère inspection de ces monumens, sans exception, suffit pour faire reconnoître qu'ils ne peuvent être d'une époque aussi moderne. Les archaïsmes de la diction et les signes paléographiques qui s'y représentent presque à chaque ligne, attestent un siècle certainement antérieur à la domination romaine; et il ne faut, pour s'en convaincre, que comparer le style de l'inscription que nous mettons en ce moment sous les yeux de l'Académie, avec celui des autres monumens béotiens : on reconnoîtra sans peine que ceux-ci sont d'une plus haute antiquité, quant aux formes de la diction ; et cependant l'autre est incontestablement antérieur à la destruction de la ligue béotienne par les Romains, puisque l'existence même de cette république s'y trouve constatée dès la première ligne.

Pour compléter et terminer en même temps ce que j'avois à dire sur la forme et l'administration de l'état fédératif des Béotiens, je produirai ici un passage de Thucydide, qui donne à ce sujet des éclaircissemens curieux et contemporains. Les faits que je vais exposer sont développés dans deux chapitres que j'abrégerai, pour n'en

Ouvrage cité, pag. 215.

----

(1) Comparez avec notre inscription celle que le colonel Leake a publiée dans un recueil anglais (*Classical Journal*, tom XIII, pag. 332), et sur laquelle M. Boissonade a donné quelques observations (*Dissert. ad calc. Epistol. Holsten.* pag. 442).

présenter que ce qui a directement rapport à mon objet.

Thucydide rend compte d'une négociation secrète entamée entre les éphores spartiates, d'une part, et des députés béotiens, d'une autre part, dont l'objet étoit d'engager plusieurs peuples, tant du Péloponnèse que hors de cette presqu'île, dans une ligue offensive et défensive contre les Athéniens. Les députés béotiens communiquèrent, à leur retour, aux béotarques, de qui ils tenoient leur mission, le résultat de cette ambassade ; et une alliance entre les Béotiens, les Mégariens, les Argiens, fut conclue, sur le rapport de ces députés, et sous l'autorité des béotarques. Mais la ratification définitive de ce traité appartenoit à quatre conseils suprêmes chargés de l'administration de toute la Béotie. L'affaire y fut en conséquence portée par les béotarques ; et comme ceux-ci ne crurent pas devoir communiquer à ces conseils les paroles secrètes d'approbation que leurs députés leur avoient déjà rapportées de Sparte, ces assemblées refusèrent leur sanction à l'alliance proposée par les béotarques et déjà arrêtée secrètement par eux. Ce refus inattendu mit les magistrats hors d'état de poursuivre leur projet, et l'affaire en demeura là (1).

Ce récit prouve d'une manière évidente que les béotarques formoient un conseil ou collége de magistrats chargés de l'exécution des lois nationales, chargés en

---

(1) Thucydid. lib. v, c. 37-38 : Ἀφικόμενοι δὲ οἱ Βοιωτοὶ ἀπήγγειλαν τοῖς Βοιωτάρχαις τά τε ἐκ Λακεδαίμονος... κ̀ οἱ Βοιωτάρχαι ἠρέσκοντό τε.... κ̀ αὐτοὺς ἀπέπεμψαν ἐπαινέσαντες τοὺς λόγους οἱ Βοιωτάρχαι κ̀ πρέσβεις ὑποδόμενοι ἀποτελεῖν περὶ τῆς ξυμμαχίας... Ἐν δὲ τούτῳ ἐδόκει πρῶτον τοῖς Βοιωτάρχαις...ὁμόσαι ὅρκους ἀλλήλοι....πρὶν δὲ τοὺς ὅρκους γένεσθαι, οἱ Βοιωτάρχαι ἐκοίνωσαν ταῖς τέσσαρσι βυλαῖς τῶν Βοιωτῶν, αἵπερ ἅπαν τὸ κῦρος ἔχουσιν....οἱ δ' ἐν ταῖς βουλαῖς τῶν Βοιωτῶν ὄντες, οὐ προσδέχονται τὸν λόγον, κ. τ. λ.

outre du soin de préparer les actes et décrets soumis à la sanction de la puissance législative, laquelle résidoit dans quatre conseils souverains ; enfin investis du droit d'envoyer des ambassadeurs, et de recevoir ou de faire des propositions de paix, de guerre et d'alliance; ce qui constitue, à mes yeux, et pour appliquer à des institutions anciennes des idées et des expressions modernes, le pouvoir exécutif de la république béotienne. Quant à la composition de ces quatre conseils suprêmes dont parle Thucydide, je m'abstiendrai de proposer même des conjectures qui ne seroient appuyées d'aucun témoignage. Ces assemblées étoient-elles toutes populaires, comme à Athènes, ou seulement composées d'un choix de citoyens destinés aux charges publiques? Étoient-ce des juridictions différentes, ou des conseils égaux en pouvoir, établis sur différens points de la république? Ces questions, qu'il seroit, sans doute, si intéressant de résoudre, ne se rattachent malheureusement à aucun élément connu. Toutefois, s'il étoit permis de décider une question générale d'après un fait particulier et isolé, voici quelques circonstances d'un événement raconté par Polybe, qui pourroient offrir une probabilité à l'appui de la première supposition. Deux *archontes* ou *béotarques* de Thèbes (1), Néon et Hippias, avoient conclu avec Persée, roi de Macédoine, une alliance qui déplaisoit à quelques peuples de la Béotie, dont les députés n'avoient pas pris part à la délibération où cette alliance avoit été résolue. Des habitans de Coronée et d'Haliarte accoururent à Thèbes pour la faire con-

Polyb. Excerpt. legat. lib. XIII, pag. 1226-1228.

---

(1) Ce nombre de *deux* béotarques thébains sembleroit confirmer l'induction que j'ai tirée plus haut du témoignage de Thucydide.

firmer par l'assemblée du peuple ; de là naquit une extrême confusion, et l'assemblée se vit quelque temps partagée en deux partis contraires, dont l'ardeur et la force sembloient exactement se balancer. Enfin la faction favorable aux Romains l'emporta dans cette lutte. Le peuple ordonna à ses magistrats, c'est-à-dire, aux béotarques nommés plus haut, de rendre compte de leur administration, décréta l'alliance des Romains, et nomma des députés pour remettre sa patrie entre les mains de leurs proconsuls. Il n'est pas douteux qu'il ne s'agisse ici d'une assemblée démocratique, et les expressions de Polybe (1), et celles de Tite-Live, qui raconte les mêmes faits avec peu de différence (2), ne sont susceptibles d'aucune équivoque. Mais, d'un autre côté, les expressions de Thucydide, relativement à une époque où la constitution béotienne n'avoit encore souffert de l'influence d'aucune domination étrangère, ne permettent guère de penser que la composition des quatre conseils suprêmes de la Béotie fût entièrement démocratique. Il n'est pas prudent de chercher les élémens d'un ordre de choses ancien et légal à des époques d'anarchie et de dissension, telles que celles que décrit Polybe ; et, en effet, le résultat de cette effervescence populaire

(1) Polyb. *loc. laudato* : Οἱ δὲ Κορωναῖοι κỳ Ἀλιάρποι, συνδεδραμηκότες ἐς τὰς Θήβας, ἀκμὴν ἀντεποιοῦντο τῶν πραγμάτων... κỳ μέχρι μέν τινος ἐφάμιλλος ἦν ἡ διάθεσις τῶν ςασιαζόντων.... Μετὰ δὲ ταῦτα τοὺς περὶ τὸν Νέωνα καὶ Ἱππίαν ἐξέβαλλον συντρέχοντες ἐπὶ τὰς οἰκίας αὐτῶν...ἀθροίσθεντες εἰς ἐκκλησίαν, πρῶτον μέν τινας ἐψηφίσαντο...εἶτα ἐνεργεῖν ἐπέταξαν τοῖς ἄρχουσι τὴν συμμαχίαν. Ἐπὶ δὲ πᾶσι πρεσβευτὰς κατέςησαν τοὺς ἐγχειριῦντας τὴν πόλιν Ῥωμαίοις.

(2) Tit. Liv. *Hist. rom.* lib. XLII, cap. XLIV : *Turba Coronæorum Haliartiorumque convênerat... sed constantiâ principum victa eadem multitudo,... ut tolleretur regia societas, decrevit,....fideique legatorum urbem commendari jussit.*

fu

fut la dissolution complète et irrévocable de la ligue béo-tienne : résultat desiré par l'ambition des Romains, et déploré par le patriotisme de Polybe (1). Il eût été à souhaiter pour les Béotiens qu'ils eussent été tels que le dit Montesquieu : « Ils n'avoient pas assez d'esprit pour » qu'il fût facile aux orateurs de les agiter. » Malheureuse-ment, ce que je viens de raconter prouve qu'ils n'eurent que trop de cette espèce d'esprit dont parle Montesquieu ; et l'on peut seulement douter qu'il y ait réellement, pour les peuples, de l'esprit à être dupes de factieux.

Grandeur et dé-cadence des Rom. chap. V.

Tels sont les principaux faits que j'ai cru devoir éclair-cir, touchant la forme de cet état fédératif. L'événement que je viens de raconter d'après Polybe, nous fait con-noître les causes immédiates et la date précise de sa des-truction par les Romains. Mais, dans un autre endroit de son Histoire, le même auteur avoit tracé plus en détail le cours de l'affoiblissement progressif de cette république, à laquelle les succès et les vertus d'Épaminondas avoient imprimé tant d'éclat. Les Béotiens, dit Polybe, ne sou-inrent pas long-temps la gloire que le vainqueur de Leuctres avoit procurée à leurs armes. Leur puissance et leur courage semblèrent décliner en même temps sous l'archontat d'Amæocrite (2). Défaits par les Étoliens sur leur propre territoire, et par suite de leur présomptueuse imprudence, qui ne leur permit pas d'attendre l'arrivée des Achéens, leurs alliés, ils perdirent, avec la victoire,

Polyb. Excerpt. de vit. et virtut. pag. 1429 et sqq.

---

(1) Polyb. *loco suprà laudato*, pag. 228 : Τὸ δὲ τῶν Βοιωτῶν ἔθνος..... ἀπελύθη κὶ διεσκορπίσθη κατὰ πόλεις.

(2) Il est qualifié par Polybe *(Ex-*

cerpt. de vit. et virtut. p. 1429 et sqq.*), στρατηγός, *général ;* ce qui n'empêche pas qu'on ne puisse le regarder comme un magistrat suprême, ou béotarque.

tout sentiment d'honneur et d'indépendance ; et, depuis
cette fatale époque, aucun fait d'armes, aucune entreprise
formée en commun, ne signala leur nom dans la Grèce.
Plongés dans la mollesse, et uniquement occupés des
plaisirs de la table, ils en vinrent à ce point d'oubli de
tous les devoirs, de compter la durée des mois par le
nombre des festins qui se succédoient sans cesse, et qui
absorboient tout le patrimoine des familles. Énervés de
corps comme d'esprit, ils ne purent opposer aucune ré
sistance aux conquérans étrangers ; et le peu d'énergie
que leur avoit laissé la débauche, fut employé à se dé
chirer eux-mêmes en des dissensions domestiques. Au
milieu de ces troubles, la Béotie entière demeura vingt
cinq années sans tribunaux et sans police. Les magistrat
éloignoient toujours, sous divers prétextes, et par mill
expéditions sans objet comme sans résultat, l'occasio
de rendre la justice aux citoyens et de rétablir l'ordr
dans l'état. Enfin ces indignes chefs d'un peuple libre
trafiquant des deniers de l'état pour attacher à leur par
une populace oisive et séditieuse, et recherchant, au
dépens du trésor public, le dangereux honneur d'une p
pularité funeste à leur patrie comme à eux-mêmes, tra
nèrent enfin ce malheureux pays sous le joug des Romain
qui, d'abord, y anéantirent jusqu'au nom de la liber
publique. Tel est le tableau, tracé par Polybe, des dernie
momens de la ligue béotienne, dont la sédition racont
plus haut détermina la chute, en l'an 171 avant not
ère, suivant le même auteur [a], et Tite-Live qui le traduit
Pausanias recule cet événement de quelques années,
ne le plaçant qu'après la prise de Corinthe et la destru

a *Polyb. Excerpt. legat. pag. 1228.*

b *Tit. Liv. Histor. rom. l. XLII, cap. XLIV.*

Pausan. lib. VII, cap. XVI.

tion de la ligue achéenne, vers la troisième année de la
CLVIII.ᵉ olympiade ; même, s'il falloit en croire cet écrivain, l'abaissement des Béotiens n'auroit été qu'une cala-
mité passagère, et la pitié de Rome leur auroit rendu, peu
d'années après, leurs anciennes institutions républicaines :
Ἔτεσι δὲ οὐ πολλοῖς ὕστερον ἐτράπουτο ἐς ἔλεον Ῥωμαῖοι τῆς
Ἑλλάδος, καὶ συνέδριά τε κατὰ ἔθνος ἀποδιδόασιν ἑκάστοις
τὰ ἀρχαῖα. Mais cet acte tardif de la générosité d'un vainqueur ne paroît pas avoir produit d'amélioration sensible
dans la destinée des Grecs. La liberté, dont ils s'étoient
rendus indignes en la perdant, ne put revivre parmi eux
au commandement d'un maître étranger ; et la république
béotienne ne se releva jamais de sa chute.

Pausan. ibid.

Ce n'est pas que, même sous les préteurs de Rome,
quelques formes de l'ancienne administration républicaine
n'aient pu se conserver dans la Béotie et ailleurs. La Béotie
devenue esclave put continuer d'avoir des béotarques,
comme Rome elle-même continua d'avoir des consuls sous
le régime absolu des empereurs ; et c'est ainsi que par-tout
et en tout temps les peuples se consolent de la perte de
la liberté, en conservant son nom et jouant avec son
image. Ainsi il est fait mention, sur plusieurs inscriptions
d'époque romaine, de magistrats suprêmes nommés *béotarques*. Pococke a publié une de ces inscriptions (1) ;
et, sur un monument de ce genre, on trouve un Romain
même investi de cette magistrature béotienne (2). Mais
de pareils exemples, au temps auquel ces inscriptions

*Pococke, Ins-
cript. antiq. pag.
63, n.º 2.*

*Dodwell, Clas-
sical Tour, t. II,
pag. 514.*

---

(1) J'ai publié depuis cette inscription dans mes *Antiquités grecques
du Bosphore,* planche XIV, n.º 2 ; et
M Osann, qui l'a reproduite après

moi, *Syllog. antiq. inscript.* pag. 293-
294, l'avoit copiée lui-même dans
les manuscrits de Fourmont.

(2) *Voyez* les observations à l'ap-

appartiennent, prouvent seulement que la politique romaine avoit jugé à propos de conserver une ombre des républiques qu'elle avoit détruites.

Il résulte de tous les faits que j'ai exposés, 1.° que le magistrat désigné en tête de notre inscription, comme *archonte dans la république des Béotiens*, étoit l'un des onze béotarques, ou premiers magistrats de cet état fédératif; et, sans doute, ce magistrat appartenoit à Tanagre, ville dans le territoire de laquelle se trouvoient compris le temple et le local sacré d'Amphiaraüs; 2.° que l'âge de cette inscription est au moins antérieur à l'an 171 avant J. C., première époque de la subversion de cette république, et, par conséquent, d'une antiquité respectable, puisque rien n'empêche qu'elle n'ait précédé d'un assez grand nombre d'années cette époque de décadence et de servitude dont elle n'offre aucun vestige.

Avant de terminer ce Mémoire, on me permettra de rapporter une inscription inédite, qui constate pareillement l'existence d'un petit état fédératif inconnu de tous les critiques modernes. Cette inscription, rapportée de la Grèce par M. le comte de Choiseul-Gouffier (1), et maintenant déposée au Musée royal des Antiques de Paris, avoit été précédemment vue par Fourmont, dont la copie, que j'ai mise sous les yeux de l'Académie, est absolument conforme au marbre original, d'après lequel j'ai moi-même rectifié quelques fausses leçons : nouvelle preuve, que je n'ai pas dû négliger, de l'injustice des soupçons élevés

pui de ce dernier monument, qu'a présentées M. Tittmann, *Griechisch. Staatsverfassung.* pag. 704.

(1) Elle est décrite sous le n.° 206 du Catalogue des antiquités formant la collection de M. le comte de Choiseul-Gouffier (Paris, 1818, *in-8.°*).

contre l'authenticité de ces monumens, et contre la mémoire du savant à qui nous en devons la connoissance.
L'inscription dont il s'agit ici, est très-endommagée. Une
fracture du marbre en a détruit les premières lettres de
chaque ligne, et la fin de l'inscription manque totalement,
sans doute parce qu'elle se trouvoit sur une autre pierre,
que le temps ou la barbarie aura séparée de la première.
Voici comment elle se lit aujourd'hui :

ΑΓΑΘΗΙΤΥΧΗΙ . ΛΕΥΚΙΠΠΟΣ

1.   . . . . ΜΑΤΟΓΕΝΟΜΕΝΟΝΥΠΟΤΩΝΠΑΝΕΛΛΗΝΩΝ
2.   . . . . ΠΡΟΣΤΩΜΑΙΑΝΔΡΩΠΟΤΑΜΩΑΠΟΙΚΟΙ
3.   . . . . ΙΤΩΝΕΝΘΕΣΣΑΛΙΑΠΡΩΤΟΙΕΛΛΗΝΩΝ
4.   . . . . ΣΤΗΝΑΣΙΑΝΚΑΙΚΑΤΟΙΚΗΣΑΝΤΕΣΣΥΝΑ
5.   . . . . ΠΟΛΛΑΚΙΣΙΩΣΙΚΑΙΔΩΡΙΕΥΣΙΚΑΙΤΟΙΣΕ
6.   . . . . ΕΝΟΥΣΑΙΟΛΕΥΣΙΤΙΜΗΘΕΝΤΕΣΚΑΙΥΠΟ
7.   . . . . ΑΙΩΝΔΙΑΣΕΠΟΙΗΣΑΝΤΟΣΥΜΜΑ
8.   . . . . ΩΡΕΩΝΕΞΑΙΡΕΤΩΝΤΥΧΟΝΤΕΣΥ
9.   . . . . ΡΙΑΝΟΥΠΑΤΡΟΣΤ . ΑΙΛΙΟΥΚΑΙΣΑΡΟΣ
10.   . . . . ΡΟΣΑΔΡΙΑΝΟΥΑΝΤΩΝΙΝΟΥΤΑΣ

. . . .

Il me semble qu'elle peut être restituée et lue ainsi :

Αγαθη Τυχη. Λευκιππος

(Subaudi ανεςησεν)

[Αναθη] μα το γενομενον ὑπο των Πανελληνων
[των] προς τῳ Μαιανδρῳ ποταμῳ. [Οἱ] αποικοι
[γενομενο] ι των εν Θεσσαλια, πρωτοι Ἑλληνων
[πλευσαν'ες ει] σ την Ασιαν, και κατοικησαντες συν Δ-
[ιολευσι,] πολλακις Ιωσι και Δωριευσι και τοις ε-
[αυτων γ] ενους Αιολευσι τιμηθεντες, και ὑπο
[των Ρωμ] αιων, δι' ας εποιησαντο συμμα-
[χας, και δ'] ωρεων εξαιρετων τυχοντες ὑ-
[πο του Αδ'] ριανου πατρος Τ. Αιλιου Καισαρος
[αυτοκρατ] ορς Αδριανου Αντωνινου τας. . . .

C'est-à-dire :

À LA BONNE FORTUNE. LEUCIPPE
(*Sous-entendu* a consacré ce)

Monument, érigé par la communauté des Grecs établis sur les bords du fleuve Méandre ; qui, colons de ceux de Thessalie, passèrent, les premiers des Grecs Hellènes, en Asie, et y habitèrent avec des Éoliens ; souvent honorés par les Ioniens, et les Doriens, et les Éoliens, peuples de même race qu'eux ; comblés par les Romains de magnifiques récompenses, à cause de l'assistance qu'ils leur donnèrent à plusieurs reprises, sous le règne d'Adrien, père de l'empereur César Titus Ælius Adrien Antonin........

Je ne ferai sur ce monument que de courtes observations, moins pour expliquer le texte, dont le sens me paroît sujet à peu de difficultés, que pour constater et justifier les particularités historiques qui y sont contenues.

Ma première observation portera sur le titre de Πανελ-ληνες que prend cette communauté de Grecs établis sur les bords du Méandre. Ce mot, qui, dans le principe, signifioit la totalité, l'universalité des Grecs, par opposition à un petit peuple de la Phthiotide, dont le nom et la race des Hellènes étoient originaires, n'a pu être appliqué à une petite république de l'Asie mineure que dans ces temps de décadence où l'orgueil des titres et la pompe des qualifications servoient à cacher une foiblesse et une servitude réelles. Plus tard encore, le même mot de Πανελ-ληνων est employé dans une inscription de Chandler, pour désigner la nation entière des Grecs ; et parmi les titres fastueux donnés à un magistrat sur une belle inscription de Muratori, qui sollicite encore un interprète habile, on distingue le surnom de Πανελληνα, sur le sens

Steph. Byz. v. Πανελληνες, et not. L. Holsten. ad h. locum; Eustath. ad Homer. Iliad. l. II, v. 530.

Chandler, Inscript. ant. pl. II, pag. 58, n.º XLVIII.

Murat. Thesaur. tom. II, p. 1061, n.º 2.

duquel il paroît assez difficile de se fixer. Pour ne point nous écarter de notre inscription, il me semble néanmoins que l'on pourroit essayer de justifier ici cette dénomination, en l'interprétant d'une réunion de divers peuples, grecs d'origine, qui auroient fondé et conservé cette république, pure de tout mélange avec des races étrangères. Strabon nous serviroit à justifier cette interprétation, lorsque, décrivant la plaine dite *du Méandre*, il marque, en cette partie reculée de l'Ionie, un vaste espace occupé par un mélange de Lydiens, de Cariens et de Grecs, et qu'il ajoute, quelques pages plus loin : « La plaine du Méandre » est commune aux Lydiens, aux Cariens, *aux Ioniens de* » *Milet et de Myonte, et même aux Éoliens de Magnésie.* » Ces derniers mots ont évidemment pour objet de spécifier ce qu'il avoit dit plus haut, en nommant *Grecs* en général le peuple qui occupoit une partie de la plaine du Méandre, et l'on voit que ces Grecs étoient un mélange d'Éoliens et d'Ioniens venus de diverses villes de cette contrée. En supposant, ce qui me paroît très-vraisemblable, que la république nommée dans notre inscription, et dont la situation sur le Méandre correspond si bien avec celle que je viens d'indiquer, soit cette réunion même de Grecs ioniens et éoliens dont parle Strabon, on ne trouvera plus étonnant que ces Grecs se soient ainsi qualifiés *Panhellènes*, pour se distinguer des états voisins, occupés par des *Cariens* et des *Lydiens*, peuples qui étoient bien des Grecs eux-mêmes, mais non pas de race hellénique, ainsi que je crois l'avoir montré dans mon *Histoire des colonies grecques.*

Les détails renfermés dans les lignes suivantes de l'inscription confirment tout-à-fait cette interprétation,

en même temps qu'ils s'accordent avec les témoignages
de l'histoire, relativement à la fondation de la Magnésie
du Méandre. *Les Panhellènes établis sur le Méandre sont,
de leur propre aveu, une colonie partie de Thessalie, à
une époque antérieure à celle où les premiers établissemens
helléniques se formèrent en Asie mineure.* En effet, j'ai
montré, dans l'ouvrage que je citois tout-à-l'heure, que
plusieurs peuples avoient pris part à la fondation de Magnésie; d'abord, des Magnètes de Thessalie; puis des
Crétois, qui s'étoient joints à ceux-ci lors de leur départ
de l'île de Crète, où ils avoient fait quelque séjour immé-
diatement après le siége de Troie; en troisième lieu, des
Delphiens, ou habitans de Delphes, dont la réunion à
cette colonie n'est pas aussi facile à expliquer; enfin des
Éoliens, qui, sans doute, se détachèrent d'une ville éolienne
du voisinage, alors récemment fondée et en butte à des
hostilités perpétuelles. Si à ces peuples, tous helléniques
d'origine, on ajoute les Ioniens de Milet et ceux de
Myonte, qui, plus tard, vinrent se réunir, selon Strabon
à cet établissement, on reconnoîtra, sans doute, que la
qualification de Πανελληνων, employée dans notre inscription, peut s'y appliquer avec assez d'exactitude. Le soin
qu'eurent ces Grecs à leur arrivée en Asie, et dans lequel
ils persévérèrent toujours, de se maintenir purs de tout
mélange étranger, ce soin, attesté par notre inscription
se trouve ainsi confirmé par l'histoire; et le témoignage
de Strabon, qui ajoute les Éoliens au nombre des peuples
helléniques qui entrèrent dans la composition primitive
de cette colonie, sert aussi à remplir, de la manière,
ce que je crois, la plus satisfaisante, la lacune des lignes

*Ouvrage cité,
tom. III, p. 47
et 48.*

Conon. Narrat.
XXX.

Id. ib. ***XXX.***

et 5 de notre inscription , ΣΥΝ Α, par ces paroles : Συν Αιολευσι.

Les honneurs accordés à cette république par les Io- niens, les Doriens et les Éoliens, lignes 5 et 6 de l'ins- cription , ont rapport, sans doute, aux secours que ces divers peuples, et principalement les Éoliens, à titre d'ori- gine commune, durent souvent recevoir des *Panhellènes* du Méandre. Je dis *les Éoliens, à titre d'origine commune*, parce que je ne crois pas qu'il puisse exister de doute sur la certitude de la leçon , και τοις εαυτων γενους Αιολευσι, par laquelle j'ai rempli la lacune de la sixième ligne de l'inscription. La race éolienne dominoit effectivement dans cette colonie, d'après les témoignages que j'ai rapportés précédemment ; et, dès leur arrivée en Asie, les fondateurs de la Magnésie du Méandre rendirent aux Éoliens du même pays des services qui durent resserrer encore les liens de leur extraction commune. C'est Conon qui nous apprend cette particularité, à laquelle fait sans doute allu- sion le passage en question de notre monument : Πλευ- σαντες εις την 'Ασίαν, ἐρρύοντο κακων νεόκτιςον οὖσαν την 'Ιωνίαν και την Αιολίδα, συμμαχοῦντες αὐτοῖς. « A leur » arrivée en Asie , ils joignirent leurs armes à celles des » Ioniens et des Éoliens , et sauvèrent leurs établisse- » mens naissans des dangers qui les entouroient. » Ce passage de Conon est sans doute le meilleur commentaire que je puisse faire sur le texte de notre inscription , et je n'ai pas cru pouvoir mieux remplir une des lacunes qu'il présente, qu'en me servant des paroles mêmes de l'écri- vain : πλευσαντες εις την Ασιαν.

Quant au siége particulier qu'occupoit la petite répu-

Strab. Geogr. lib. XIV, p. 648.

Conon, loco suprà laudato.

E

blique des Panhellènes du Méandre, il me semble difficile
de le déterminer d'une manière plus précise que celle qui es
indiquée par l'inscription même ; et les limites que donn
Strabon à la plaine du Méandre sont aussi trop étendue
pour qu'on puisse y marquer à nos *Panhellènes* un em
placement particulier. Cependant un lieu omis par le
géographes anciens et modernes me semble offrir un
désignation assez convenable : c'est l'*ancienne Magnésie*
Παλαιμαγνησία, dont le nom ne se trouve, à ma con
noissance, que sur ce beau décret des Magnésiens d
Méandre, conservé parmi les marbres d'Oxford. Il es
question, dans plusieurs passages de cette inscription
des divers ordres de citoyens qui doivent être compris dan
l'alliance avec les Smyrnéens, principal objet de ce décret
et, à la suite de ces citoyens domiciliés à Magnésie o
dans son territoire immédiat, l'inscription nomme plusieur
fois d'autres citoyens occupant également le territoire ma
gnésien, et qu'elle qualifie, par une distinction spéciale
libres et Hellènes. Voyez principalement les lignes 44 e
45 de l'inscription :

Marmor. Oxon.
n.º XXVI, ed.
Chandler.

Δεδοσθαι δε τοις εμ Μαγνσια κατοικοις τοις τε κατα πολιν ἱππευσι και πεζοι
και τοις ὑπαιθρις, πολιτειαν εν Σμυρνη εφ' ιση και ὁμοια τοις αλλοις πολιταις. Ὁμοι
δε δεδοσθαι την πολιτειαν και τοις αλλοις τοις οικουσιν εν Μαγνσια ὁσοι αν ωσ
ελευθεροι τε και Ἑλληνες.

Que le droit de cité à Smyrne, en toute égalité de conditio
avec ses propres citoyens, soit accordé aux habitans de Magnésie
et aux guerriers tant à cheval qu'à pied du dedans et du deho
de la ville.

Que le même droit soit accordé, au même titre, à ceux d
autres habitans du territoire de Magnésie qui sont libres
Hellènes.

Ces dernières paroles semblent indiquer un état voisin et indépendant; et c'est ce que confirment les lignes 93, 94 et suivantes de l'inscription, dans lesquelles il est question de la place dite *Palæmagnesia,* ou l'ancienne Magnésie. Voici la traduction fidèle de ce passage, que je crois relatif aux *Panhellènes* de notre inscription :

Réfléchissant qu'il est nécessaire à la ville [de Magnésie] d'avoir en sa possession la place nommée *Palæmagnésie,* et d'y faire la garde, afin que, par la réunion de cette place à la ville, les affaires du roi Séleucus soient en sûreté de toutes parts,

Il a été envoyé vers ceux qui occupent cette place, pour les inviter à embrasser l'alliance du roi Séleucus, à livrer leurs clefs au magistrat délégué à cet effet par le peuple,

Et à admettre dans leurs murs la garnison destinée à garder, conjointement avec eux, la place au roi Séleucus; promettant que, s'ils accédoient à cette proposition, ils jouiroient, dans la ville [de Magnésie], de tous les droits et avantages des citoyens.

Les habitans de cette place, embrassant l'alliance du roi Séleucus avec tout l'empressement possible, ont accepté l'invitation du peuple, remis leurs clefs au magistrat délégué près d'eux,

Et ont reçu dans leur place la garnison envoyée de la ville. En conséquence, à la bonne fortune, il a été décrété qu'ils étoient faits citoyens, et qu'ils jouiroient de tous les droits accordés aux autres citoyens.

Marmor. Oxon. XXIV, pag. 37 et 38, ed. Roberts.

Voilà, si je ne me trompe, l'état voisin de Magnésie, libre et hellénique, lequel est désigné sur notre inscription par le titre de *Panhellènes;* voilà en même temps l'époque et la cause de sa réunion à l'état formé du territoire immédiat de Magnésie. Si depuis nous le voyons reparoître dans son indépendance primitive, le témoignage de l'inscription ne contredit pas celui du monument que je viens de citer : car l'intervalle écoulé entre les deux époques auxquelles chacun d'eux appartient, a dû amener beaucoup de changemens dans la situation respective des deux états ; et le silence de l'histoire sur ces révolutions n'est pas une raison d'en révoquer en doute l'existence, lorsque nous sommes dans une égale ignorance à l'égard de cités bien plus importantes et d'événemens bien plus considérables.

Par la même raison, nous ne devons pas être surpris de ne trouver dans l'histoire rien qui soit relatif aux services que la république des *Panhellènes* se glorifie, sur notre inscription, d'avoir rendus aux Romains. Sans doute aussi ces services sont beaucoup exagérés par la vanité nationale, qui a fait élever tant de monumens de ce genre, et a mêlé tant d'erreurs aux vérités même les mieux constatées. Quoi qu'il en soit, notre inscription nous offre du moins une date à laquelle nous pouvons nous fier, puisque le règne de l'empereur Antonin y est clairement désigné. Les qualifications données à ce prince sur l'inscription sont les mêmes qu'offre un beau médaillon de bronze du Cabinet du Roi, ΑΥΤοκρα7ωρ ΚΑΙσαρ ΤΙτο ΑΙΛιος ΑΔΡΙΑΝΟϹ ΑΝΤΟΝΕΙΝΟϹ, sur l'explication duquel on peut consulter Vaillant[a], Morell[b] et Van-Dale[c].

[a] *Vaillant, Select. Numismat. max. mod. pag. 27.*

[b] *Morell, Specimen rei nummar. pag. 26.*

[c] *Van-Dale, Dissert. III, p. 282 et sqq.*

www.ingramcontent.com/pod-product-compliance
Lightning Source LLC
Chambersburg PA
CBHW061729060726

47597CB00006B/2640